AF315147

L'INDEMNITÉ OTT

NE PAS LIRE PRITCHARD

PARIS

IMPRIMERIE BALITOUT, QUESTROY ET Ce,

7, rue Baillif, et rue de Valois, 18.

L'INDEMNITÉ

OTT

NE PAS LIRE

PRITCHARD

DIALOGUE DE DEUX ALSACIENS

SUR L'AFFAIRE

OTT-EULENBOURG

PAR

HENRI SCHIRMER

PARIS

E. DENTU, LIBRAIRE-ÉDITEUR,

PALAIS-ROYAL, GALERIE D'ORLÉANS, 17 ET 19.

1866

Tous droits réservés.

Une traduction allemande va paraître à Mannheim, chez J. Schœller,
libraire-éditeur.

INTRODUCTION

Un meurtre a été commis à Bonn (Prusse rhénane), le 10 août dernier, sur la personne du sieur Ott (Eugène-Daniel), né à Strasbourg, le 31 octobre 1828, par le comte d'Eulenbourg, lieutenant (2) dans un régiment de hussards et neveu de l'un des ministres du roi de Prusse.

Ce meurtre est resté impuni. A l'heure qu'il est, le meurtrier, que l'on avait d'abord laissé libre, puis mis simplement aux arrêts, a été rendu à son corps pour prendre part aux manœuvres d'automne.

---

(1) Plus de dix-huit mille signatures ont appuyé cette pétition et ont été adressées à S. Exc. M. le président du Sénat.

(2) Lisez : volontaire.

En présence d'un pareil déni de justice, les sous-signés, compatriotes de la victime, pénétrés du grand principe de l'égalité devant la loi, sollicitent respectueusement du Sénat une intervention diplomatique énergique, qui prouve que la France accorde à ses nationaux la protection à laquelle ils ont droit dans les pays étrangers.

Fait à Strasbourg, le 7 septembre 1865.

DIALOGUE DE DEUX ALSACIENS

SUR

L'AFFAIRE OTT-EULENBOURG

Deux bons Strasbourgeois, X et Z, viennent de s'attabler dans une brasserie, devant deux choppes de bière. Ils se reposent des labeurs de la journée en fumant leur pipe de racine d'Ulm ou de meer-schaum.

X. — Eh bien ! l'arrêt de la mystérieuse *commission mixte* de Bonn est enfin rendu. Quatre mois et demi de forteresse, c'est-à-dire de promenade dans une forteresse ! L'équivalent plus ou moins réel de trois mois de prison ! Qu'on dise encore qu'il n'y a plus de juges à Berlin ! Qu'on se défie désormais des tribunaux exceptionnels !

Z. — La peine, en effet, me paraît peu sévère. Mais là n'est pas la question. L'important de l'affaire est qu'une condamnation quelconque ait été prononcée. Si léger que soit le châtiment, il n'en constitue pas moins une sorte de satisfaction donnée à la morale et à l'opinion publique. De plus, il permet aux pauvres sœurs de Ott de réclamer une juste indemnité pour le préjudice immense qui leur a été causé. Sans doute, comme on l'a dit (1), aucune somme d'argent ne saurait payer

(1) « Une simple indemnité ne suffirait pas pour donner satisfaction au

la vie d'un homme ; mais aujourd'hui que le malheur est fait, nous devons désirer que les conséquences en soient atténuées autant que possible. Désormais ce n'est plus qu'une question d'humanité.

X. — Pas du tout! A côté de la question d'humanité il y a celle de dignité, celle de protection officielle, efficace, de la part du gouvernement français envers ses nationaux. Rappelez-vous l'affaire Pritchard! Le missionnaire-apothicaire anglais, accoucheur de la reine Pomaré, n'était plus consul, n'avait par conséquent plus de caractère officiel lorsque ses dangereuses intrigues le firent expulser de Taïti par l'amiral Dupetit-Thouars. Eh bien! quelles furent les paroles de lord Aberdeen à la Chambre-Haute? « Peu importe, dit-il, que « M. Pritchard fût ou non encore consul d'Angleterre ; je le « regarde comme sujet anglais, ayant droit à la protection « de son gouvernement, et je considère le traitement qu'il a « subi comme exigeant l'intervention du gouvernement. »

Z. — Le rapprochement n'est pas exact...

X. — C'est vrai ! En 1843 il ne s'agissait que de l'éloignement d'un intrigant hypocrite qui soulevait les populations taïtiennes contre une puissance dont elles avaient accepté le protectorat ; il n'y avait qu'un dommage pécuniaire, diversement apprécié ; tandis qu'aujourd'hui il y a mort d'homme, il y a meurtre sur la personne d'un être essentiellement inoffensif. Et pourtant le gouvernement anglais montra plus que de l'âpreté dans ses réclamations. Si mes souvenirs ne me

sentiment national. Nous ne sommes plus au temps où l'on rachetait un meurtre au prix de quelques sous d'or.

» Il faut que l'on procède judiciairement à l'égard du comte d'Eulenbourg, comme on aurait procédé à l'égard de Ott, si celui-ci, au lieu d'être la victime, avait été le meurtrier.

» Il faut que chacun de nous, quand il franchit la frontière, se sente couvert par le drapeau français.

» Strasbourg, le 21 septembre 1865.   HENRI SCHIRMER. »

trompent pas, Louis-Philippe offrait cent mille francs sur sa cassette pour désintéresser Pritchard ; le cabinet de Londres n'en voulut que trente mille, mais il exigea qu'ils fussent votés par les Chambres françaises. Et après avoir subi cette honte, nous reculerions devant la plus juste des réclamations ! La France qui protége ses nationaux en Chine, en Cochinchine, au Mexique ne les protégerait pas à quelques lieues de ses frontières ! Sans être aussi exigeants que l'Angleterre, il me semble que nous pouvons bien demander une intervention sérieuse, énergique, à notre diplomatie. Nous la payons assez cher !

Z. — Du calme ! Notre diplomatie connaît ses devoirs. Que pouvait-elle jusqu'ici ? demander que les tribunaux prussiens fussent saisis ; et elle l'a fait. Aujourd'hui qu'il y a condamnation, elle peut agir en vue d'une indemnité ; et elle le fera, soyez-en sûr. Les quatre sœurs de Ott sont pauvres, déjà avancées en âge, impuissasnte par elles-mêmes ; Ott les soutenait de ses deniers : quel est l'homme d'État français qui leur refuserait son conco rs, surtout en présence de l'indignation publique, affirmée par les dix-huit mille signatures que nous avons adressées au Président du Sénat (1) ?

(1) « La *Pétition Ott* a été close à Strasbourg le 11 octobre, un mois après avoir été ouverte.

» Plus de huit mille signatures viennent encore d'être adressées à S. Exc. M. le président du Sénat.

» Un très grand nombre de listes se trouvent éparses dans les campagnes : elles rentreront peu à peu au bureau du *Courrier du Bas-Rhin* et seront envoyées au Sénat lors de l'ouverture des Chambres.

» Les signataires auront rempli à la fois un devoir d'humanité envers la famille de la victime, dont Ott était le principal soutien, et un devoir de dignité, au point de vue du sentiment national.

» Les uns ont considéré la pétition comme un moyen de revendiquer pour la France une protection que l'Angleterre daignait accorder à notre compatriote, qualifié d'employé anglais ; — d'autres, comme l'exercice opportun d'un droit précieux conféré par la Constitution ; — d'autres enco e — et c'est le plus grand nombre — comme une protestation contre les prétentions des journaux féodaux d'outre-Rhin, qui ont répété à satiété

X. — Espérons ! mais il faudra du nerf pour réussir. Savez-vous qu'en présence des influences toutes-puissantes qui protégeaient le coupable, je m'attendais presque à un acquittement ? Avez-vous bien suivi la marche de l'affaire ? Au commencement, personne ne révoquait en doute la culpabilité du comte d'Eulenbourg ; celui-ci se bornait à dire qu'il ne se souvenait pas .. Plus tard, les journaux de M. de Bismarck annoncèrent que la victime était morte, non de sa blessure, mais d'un érysipèle ; et tout le parti féodal de gémir sur la torture des arrêts infligés au noble comte. Plus tard encore, ces mêmes journaux insinuèrent que l'agresseur pouvait bien avoir été Ott lui-même, et que d'Eulenbourg s'était probablement trouvé dans le cas de légitime défense...

Z. — Ce pauvre Ott ! attaquer quelqu'un, lui dont la douceur était proverbiale parmi ses nombreux amis ! Du reste, vous savez, comme moi, que peu de temps avant le meurtre, il avait failli mourir à Strasbourg d'une plaie à la jambe. C'est à peine s'il pouvait marcher. Le désir de soutenir sa famille avait seul pu le déterminer à reprendre aussitôt ses fonctions habituelles.

X. — Enfin, quel est le dernier moyen produit par la défense ? Nous le trouvons dans l'exposé des motifs de la *Commission* de Bonn : « Il est impossible d'établir que le comte « d'Eulenbourg ait porté le coup fatal ; l'incertitude est « telle à cet égard que d'autres suppositions sont parfaitement « possibles. »

que l'Alsace regrettait le régime allemand ; — contre les avanies qu'ont eu a subir beaucoup de nos nationaux dans une partie de l'Allemagne, et surtout en Prusse, pendant les dernières guerres ; — contre une justice exceptionnelle et privilégiée qui pourrait couvrir de nouveaux attentats. Tous y auront vu certainement une manifestation en faveur du droit des gens, une force morale mise à la disposition du gouvernement français.

» Il n'est entré dans l'esprit de personne de se substituer à l'action judiciaire, ni à l'action gouvernementale.

» Strasbourg, le 17 octobre 1865.	HENRI SCHIRMER. »

Z. — Mais si réellement l'instruction n'a pu établir que l'on ait *vu* le comte d'Eulenbourg se servir de son arme...

X. — Parbleu! c'est un *esprit frappeur* qui est le coupable. Comment! d'Eulenbourg et deux étudiants *Borusses* sortent d'une taverne à une heure du matin, rentrent à Bonn, puis se ravisent, veulent aller *houspiller* des bourgeois, remettent leur argent et leurs montres au portier de la ville, retournent sur leurs pas, rencontrent trois hommes inoffensifs, de véritables invalides relevant de maladie, ils leur barrent le passage, les insultent, une rixe s'engage, d'Eulenbourg est seul muni d'un sabre, Ott est blessé à mort par ce sabre, ce sabre est retrouvé sur le théâtre de la lutte, et l'on nous vient dire qu'on ne sait pas qui a porté le coup fatal!

Z. — N'exagérons rien. Nous ne devons pas douter de l'honnêteté des membres de la *Commission ;* nous pouvons tout au plus leur supposer de la faiblesse à l'égard d'un puissant ministre, de l'indulgence pour un jeune noble qui avait voulu berner des bourgeois.

X. — Dans tous les cas, un citoyen français ayant droit à la fois à la protection des lois prussiennes et à la protection que la France ne saurait dénier à ceux de ses enfants qui se trouvent à l'étranger, a été arrêté, tué au milieu de la nuit sur le territoire prussien, par des Prussiens à la tête desquels se trouvait le neveu d'un ministre du roi de Prusse ; il est évident que le gouvernement français peut et doit demander à la Prusse la seule réparation possible aujourd'hui : une indemnité qui dédommage sérieusement la famille que Ott soutenait de ses économies, et qui donne en même temps satisfaction à l'opinion des honnêtes gens de tous les pays, à l'indignation qui s'est si spontanément manifestée en Alsace, au sentiment national qui a été si vivement blessé dans la France entière.

Z. — Nous sommes d'accord sur le fond de la question, mais non sur la marche à suivre. Comme vous, comme tout le monde, je crois que la justice la plus élémentaire exige qu'une indemnité soit payée à la famille Ott, je crois de plus que notre diplomatie doit à celle-ci concours et appui ; mais il me semble qu'il suffit de s'adresser au tribunal de Bonn. Vous, au contraire, paraissez vouloir mettre en cause le gouvernement prussien lui-même. Votre système pourrait mener loin...

X. — Je vous répondrai d'abord : Fais ce que tu dois, advienne que pourra. Mais je ne prétends pas que le gouvernement du roi de Prusse doive payer lui-même l'indemnité, comme nous l'avons fait dans l'affaire Pritchard ; je dis simplement que la diplomatie française doit intervenir *officiellement,* et non officieusement, auprès du roi de Prusse, pour que celui-ci exige de la famille d'Eulenbourg qu'elle répare autant que possible le malheur causé par un de ses membres. Vous voyez que je sais me placer au point de vue du système féodal qui domine en Prusse. L'affaire Ott a eu, dès l'origine, un *caractère international :* il faut que la solution conserve ce caractère, qu'elle ait un cachet officiel. Qui vous dit que le tribunal auquel vous vous adresseriez ne se laisserait pas de nouveau influencer? Et alors, quel recours auriez-vous? Vous auriez renoncé d'avance, vous, gouvernement, à parler au nom du droit des gens. Est-ce à la justice de Taïti, à la justice française que s'est adressé le cabinet de Londres, lors de l'affaire Pritchard ? Chacun a remarqué la porte de retraite ménagée par la *Commission mixte* de Bonn, au comte d'Eulenbourg : il a été condamné, non pour avoir commis un meurtre, mais « pour avoir pris part à une rixe dans laquelle il y a eu « mort d'homme. » Le sentiment national ne saurait se payer de semblables défaites.

Z. — Laissez agir notre gouvernement. Il doit être meilleur juge que peronne des droits et de l'honneur de la France. Mais ce qui m'intrigue, c'est le chiffre bizarre des mois de forteresse qui ont été infligés : quatre mois et demi! Et cela, après que la *Gazette de Bonn*, qui se disait parfaitement renseignée, avait annoncé neuf mois de la même peine.

X. — Je crois avoir le mot de l'énigme. Un habitant de Kehl me disait ce matin que les membres de la *Commission* seraient d'abord tombés d'accord sur le chiffre de neuf mois, mais que l'arrêt, expédié à Berlin, aurait été modifié, et la peine réduite de moitié. Gracieuseté du souverain envers son armée ! N'avez-vous pas remarqué les termes ambigus de la rectification adressée par le commandant militaire de Bonn, au sujet de la première solution annoncée par la *Gazette* de cette villo ? N'avez-vous pas compris que l'article final, expliquant, excusant en quelque sorte la condamnation définitive, émanait évidemment de source officielle, et qu'il avait été imposé au journal ?

Z. — Admettons que votre version soit exacte. Mais songez que la Prusse est un État essentiellement militaire, féodal, et que...

X. — Ah! vous y voilà « *Inter arma silent leyes,* » sous le règne du sabre les lois sont muettes, comme disait dernièrement la *Gazette du Palatinat* (1). La Prusse est un pays es-

(1) *Extrait d'un article du* Courrier du Bas-Rhin, *signé* A. Schnéegans.

Pour donner à nos lecteurs une idée de la vivacité avec laquelle les journaux indépendants et non prussiens de l'Allemagne s'expriment au sujet de l'affaire Ott-Eulenbourg, nous avons traduit et nous reproduisons l'article suivant du *Courrier du Palatinat* du 21 septembre. Nos lecteurs et nos concitoyens verront que ce n'est pas en France seulement que l'opinion publique prend fait et cause pour le malheureux Ott, et qu'elle demande justice.

Voici cet article, qui, dans le journal allemand, est intitulé JUSTICE :

« *Inter arma silent leges ;* cela veut dire, dans la langue néo-prussienne : sous la domination du sabre, la loi se tait, comme se tait M. le comte de

sentiellement militaire, féodal ; et pour entretenir la bravoure chevaleresque de l'armée, il n'y a pas de mal à ce qu'on y dégaîne de temps à autre. Puis, lorsque quelque pauvre diable de bourgeois a eu la peau trouée, on met le meurtrier aux arrêts et on le change de garnison ! Cela s'appelle sauvegarder l'esprit de corps ! Après tout, qu'est-ce qu'un palefrenier, comme dans l'affaire des Sobbe-Putzki ? Qu'est-ce qu'un cuisinier, comme dans l'affaire Ott ? Les jeunes Spartiates ne s'exerçaient-ils pas au métier des armes en tuant des ilotes ? Eh bien ! je vous déclare, moi, que si mes affaires me forcent à voyager en Prusse, je ne le ferai que muni d'armes défen-

Lippe, le plus haut représentant de la loi à la Chambre des Députés. Les Français et les Anglais ne peuvent pas comprendre cela ; ils font beaucoup de bruit à propos de « *l'accident* » qui est arrivé à Bonn au volontaire comte d'Eulenbourg, et qui a causé la mort d'un cuisinier français au service de l'Angleterre. Depuis que les Sobbe-Putzki ont baigné leurs sabres de héros dans le sang d'un palefrenier, officiers et soldats ont impunément sacrifié la vie de maints bourgeois au Moloch de la juridiction privilégiée ; mais ces victimes étaient des sujets prussiens, qui devaient être fort honorés de perdre leur sang pour satisfaire la passion des exploits qui anime leur héroïque armée. La justice prussienne a fermé les yeux sur ces faits, à Berlin comme dans la province, la presse indigène a été muselée, et la cinquième grande puissance de l'Europe a continué de marcher selon ses traditions. Une pareille sanction de la brutalité devait exciter l'émulation : c'est ainsi qu'est survenu « *l'accident* » de Bonn, — selon l'expression adoptée par la presse prussienne, dirigée par M. d'Eulenbourg l'oncle, pour désigner le sanglant attentat de M. d'Eulenbourg le neveu. Cette expression est d'une justesse amère : car évidemment c'est par suite de la méchanceté du hasard qu'il s'est fait que Ott n'était pas un Prussien, mais un Français, et qu'il n'a pas eu le temps d'exposer cette circonstance importante à M. le comte d'Eulenbourg, avant de recevoir le coup mortel. Il est vrai que la justice militaire prussienne est immédiatement intervenue, et qu'elle a infligé des arrêts de chambre au guerrier malheureux.

» Il est vrai encore que M. le comte n'a été relevé de ses arrêts que d'après un ordre supérieur qui lui enjoignait d'aller rejoindre son régiment et de prendre part aux manœuvres d'automne, — afin qu'il n'y eût pas de lacune regrettable dans les rangs de la superbe armée prussienne. Mais toute cette sévérité ne parvient pas à désarmer l'arrogance de la bourgeoisie. Celle-ci s'imagine posséder des droits politiques et constitutionnels qui doivent la protéger contre la bravoure chevaleresque. Cette sévérité ne parvient pas non plus à étouffer le cri de l'Alsace qui demande satisfaction, ni les réflexions odieuses de la presse anglaise, ni même celles

sives. Que m'importent à moi, citoyen français, les mœurs et les priviléges de l'armée prussienne ! Lorsque je suis dans un pays étranger et que j'en observe la loi écrite, je dois être protégé ; et si cette protection n'est pas efficace, j'ai le droit de me faire justice moi-même !

Z. — Et vous **auriez** grand tort. L'exemple même de Ott vous prouve qu'en Prusse les tribunaux ne sont pas inactifs, — au moins lorsqu'il s'agit d'un Français.

X. — Bel exemple ! Voyons : est-ce que si Ott se fût trouvé à la place du comte d'Eulenbourg, il n'aurait pas été immédiatement arrêté ? Est-ce qu'on ne lui aurait pas fait subir de prison

de la presse allemande hors de la Prusse. L'*accident* du comte d'Eulenbourg acquiert chaque jour plus d'importance, car il jette un nuage sur la réception courtoise qui attend M. de Bismarck à Biarritz, — nuage que ne saurait même dissiper la restitution du Schleswig septentrional. On comprend donc que cet *accident* ait produit une douloureuse impression à Berlin, et que M. Brass soit obligé de le représenter entouré de circonstances atténuantes. La *Gazette de l'Allemagne du Nord* a essayé d'esquisser un pendant à *poésie et vérité* (beaucoup de mensonge et quelque vérité) ; mais l'*accident* n'en devient que plus grave, puisque M. le comte était tellement gorgé de vin nouveau, qu'il ne sait plus s'il avait à la main l'épée que l'Etat lui avait confiée pour protéger les citoyens, ou s'il n'a frappé qu'avec le fourreau vide. L'ingénieuse invention que Ott ne serait pas mort d'un coup de sabre, mais d'un érysipèle, ne trouve même aucune créance, car une méfiance fâcheuse ne voit dans cette dernière maladie que la conséquence d'un coup de sabre, et persiste à voir dans le hussard d'Eulenbourg un meurtrier qui a frappé sans discernement. Aussi craignons-nous que cet *accident* ne fasse beaucoup de chagrin à M. de Roon, et qu'il ne crée un grave embarras à la juridiction privilégiée de l'armée prussienne, tout en jetant un jour fâcheux sur la justice prussienne en général.

» Le meurtrier Eulenbourg reste en liberté, parce qu'il porte l'uniforme, parce qu'il est comte et neveu du tout-puissant ministre de l'intérieur, tandis que le rédacteur May, à cause de quelques articles malsonnants insérés dans les journaux, est arrêté pendant la nuit en pays étranger, mis au secret, et y reste pendant sept semaines, sans connaître l'accusation qui pèse sur lui. Telle est la justice prussienne en 1865 ! Twesten avait-il tort, quand il a flétri la corruption des magistrats prussiens ! Il faut que cette corruption soit bien réelle, puisque ce même ministre qui se taisait alors, dominé par une parole puissante, et qui baissait les yeux en se sentant abandonné par ses partisans les plus fidèles, vient d'ordonner une instruction judiciaire contre ce député. « *Il y a des juges à Berlin*, » disait-on, il y a cent ans ; aujourd'hui, on ne le dit plus. »

préventive ? est-ce qu'on aurait eu pour lui les ménagements qu'on a prodigués au neveu du ministre ? est-ce qu'il en aurait été quitte pour une peine équivalant d'une manière dérisoire à trois mois de prison ? Lisez les lettres écrites par différents bourgeois de Bonn à plusieurs de nos compatriotes de Strasbourg, et vous serez édifié (1) !

(1) *Extrait d'un article du* Courrier du Bas-Rhin, *signé* A. Schnéegans.

17 septembre 1865.

Il nous est revenu de divers côtés que les allégations des journaux allemands au sujet du meurtre de M. Ott ont produit une pénible impression à Strasbourg. Les faits sont dénaturés par les organes semi-officiels de M. de Bismarck ; toutes les lettres arrivées directement de Bonn à des habitants de Strasbourg contiennent des renseignements identiques sur la fin malheureuse de notre compatriote ; toutes s'accordent à présenter comme parfaitement exacte la version que nous avons accueillie dès les premiers jours d'après une correspondance particulière.

Nous empruntons à une lettre datée de Bonn les détails suivants, qui sont une éclatante réfutation des assertions hasardées de la *Gazette de l'Allemagne du Nord :*

« Enfin, dit cette lettre, je puis vous parler de ce fait qui a mis en émoi toute notre ville. Le comte d'Eulenbourg et deux étudiants du corps des Borusses sortirent à une heure de la taverne près du chemin de fer ; ils avaient déjà franchi la petite poterne, lorsqu'ils entendirent parler dans le *Hofgarten.* — « Bon, dit le comte d'Eulenbourg, voilà quelqu'un à *berner !* » (la lettre dit : *ræmpeln,* terme d'étudiant qui n'est guère traduisible en français). Le portier dut les laisser ressortir ; ils lui donnèrent leur argent et leurs montres ; deux d'entre eux s'avancèrent pour *berner* les arrivants ; le troisième resta en ville. Les deux barrèrent le passage aux gens qui venaient, quoique ceux-ci leur eussent dit : « Si vous voulez berner, adressez-vous à des gens solides ; nous sommes des invalides. » En effet, ces gens étaient Ott, qui marchait avec difficulté, et deux de ses amis, dont l'un avait eu la jambe, et l'autre le bras cassé. Le cuisinier Ott venait de fêter son départ, chez Klein, dans la *Coblenzerstrasse ;* ils rentraient par le Hofgarten ; il devait quitter le lendemain matin. Le comte d'Eulenbourg se plaça à plusieurs reprises devant Ott, pour lui barrer le chemin. Ott le pria de le laisser passer. Enfin il s'écria : « Polisson ! que nous voulez-vous donc ? » — Au même instant il reçut sur la tête un coup qui l'étourdit ; il s'assit à terre, pendant que les autres continuaient à se battre. Un des amis d'Ott s'empara du sabre d'Eulenbourg et le cacha sous ses vêtements ; il le rendit le lendemain. Cet homme était couvert de contusions, et certes on leur aurait fait un plus mauvais parti, si, au moment où tous les étudiants de la taverne des Borusses accouraient, un Monsieur de Witzleben n'avait reconnu dans un des amis de Ott le domestique

Z. — Soit ! mais la Prusse est notre alliée ; nous lui devons des ménagements. Qui vous dit qu'à un moment donné, elle ne marcherait pas avec nous ?

X. — Oui, fiez-vous-y ! Voulez-vous avoir le mot de sa politique ? Consultez son histoire. En 1701, elle devient royaume en prenant parti contre la France : sept nations contre une seule ! Sous Frédéric le Grand, la seule époque où elle fasse un instant cause commune avec nous, elle nous abandonne par deux fois au fort du danger, dès qu'elle a arraché la Silésie à l'Autriche. En 1772, elle convie la Russie et l'Autriche au partage de la Pologne et en détache un premier lambeau : la Prusse polonaise. En 1793, nouvelle coalition, nouveau partage entre la Russie et la Prusse, nouveau lambeau emporté par celle-ci : la Prusse méridionale. Deux ans plus tard, curée générale et définitive des trois complices qui s'acharnent sur leur victime : l'aigle des Hohenzollern se gorge de la nouvelle Prusse orientale. Même politique avide et gloutonne envers la France régénérée par la Révolution. Dès 1791, convention de Pilnitz entre la Prusse et l'Autriche, auxquelles doivent bientôt se joindre l'Angleterre, la Hollande, l'Espagne : on espère démembrer l'athlète en sabots qui se proclame le champion des droits de l'homme. Le manifeste du duc de Brunswick nous promet la mort et le feu. Puis, lorsque Valmy, Jemmapes, Hondschoote, Fleurus, la conquête de la Belgique et de la Hollande ont fait comprendre à la Prusse qu'elle s'est méprise sur la vitalité de la France, elle se retire honteusement de la coalition par le traité de Bâle. Alors, pendant dix ans, elle se repose ; elle guérit ses

du prince Allred. Il s'écria : « — Ce sont les gens du prince Allred ! » et aussitôt toute la troupe des 80 Borusses disparut. Le pauvre Ott fut transporté chez lui ; il mourut après quelques jours de douleurs atroces. .. Si j'avais commis, moi, ou un de mes voisins, ce méfait, je pense bien que nous aurions été arrêtés dans notre lit dès le lendemain matin !.... »

blessures; elle espère qu'un moment viendra où elle pourra profiter des efforts de l'Autriche, de la Russie et de l'Angleterre qui ont renouvelé la lutte. Au coup de tonnerre d'Austerlitz, lorsque le feu de nos canons a éclairé d'une lueur sinistre les Autrichiens et les Russes se débandant sous la mitraille ou s'abîmant dans les lacs, la Prusse est un instant déconcertée. Mais bientôt elle relève la tête; elle pense que nos victoires mêmes nous ont affaiblis; elle se sent forte de l'appui de l'Angleterre, de la Russie, de la Suède; elle nous jette l'insulte à la face! Nous lui répondons par Iéna et Awerstaedt, par la prise de Magdebourg, de Potsdam et de Berlin, par Eylau et Friedland; et lorsque l'héritier du grand Frédéric, chassé de sa dernière ville, Kœnigsberg, en est réduit à implorer la clémence du vainqueur, Napoléon a la générosité de ne pas rayer de la carte de l'Europe cet État qui ne représente aucune nationalité, ce royaume qui ne s'est formé que par la spoliation. De 1807 à 1812, la politique prussienne se montre humble, rampante; et Frédéric-Guillaume III figure à Dresde dans le parterre de rois promis à Talma. Il fournit son contingent pour la campagne de Russie. Mais à peine notre armée a-t-elle succombé sous les frimas du Nord, que la Prusse jette le masque; elle est forte : l'Angleterre, la Russie, la Suède, l'Espagne, l'Autriche, la Confédération autour d'elle! Cette fois, elle va pouvoir se repaître! Aussi ne se décourage-t-elle pas, malgré Lutzen, Bautzen, Dresde, Saint-Dizier, Brienne, Champaubert, Château-Thierry, Vauchamps, Craonne et Ligny. Pendant la campagne d'Allemagne, pendant celle de France, pendant celle de Belgique, la Prusse fait preuve de bravoure et de persévérance : elle a faim! et ils sont tant! Du reste, elle s'est montrée habile. Elle n'a pas seulement fait appel au patriotisme allemand contre le génie des conquêtes qui a trop longtemps plané sur la France impériale; elle a invoqué le principe de liberté, elle

a convié les peuples à une croisade contre la tyrannie. Tel est le mot d'ordre du *Tugendbund*. Enfin, quand Paris abandonné, trahi, a ouvert ses portes pour la seconde fois, quels sont, parmi les onze cent quarante mille étrangers qui ont inondé le sol français, ceux qui montrent le plus de sauvage animosité ? Les Prussiens ! C'est Blücher, ce Tilly de la Prusse, qui veut brûler la capitale de ceux qui ont épargné Berlin ; c'est Blücher qui plus tard veut faire sauter nos monuments ; c'est Blücher qui veut démembrer la France. Mais la France est encore forte ; on la craint ; on craint surtout l'esprit de la révolution : l'Europe coalisée se contente des traités de 1815 Depuis, quel a été le rôle de la Prusse ? Le *Tugendbund* est devenu gênant : on l'écrase, et c'est en vain qu'il se redresse sanglant sur l'échafaud de Carl Sand. Au lieu des libertés promises, la Prusse donne des chaînes. Plus tard, elle essaie de se refaire une popularité ; ses chants bachiques et provocateurs fatiguent les échos du Rhin (1) ; elle fait revendiquer l'Alsace et la Lorraine par ses journaux ; elle excite l'esprit allemand contre l'Autriche, dont elle jalouse l'influence ; elle rêve un nouvel empire d'Allemagne à la tête duquel elle espère se placer, et qui ne serait que la Prusse agrandie. Toutefois, dès qu'il s'agit d'une proie à partager, toute rivalité disparaît devant l'appât du crime. Un morceau du cœur de la Pologne palpitait encore à Cracovie : la Prusse s'en repaît avec la Russie et l'Autriche. Qui n'a vu, pendant la dernière guerre d'Italie, l'armée prussienne guettant une occasion propice pour nous attaquer sur le Rhin, pendant que nous luttions sur le Mincio ? Qui n'a entendu les bravades des soldats prus-

(1)   « Non, ils ne l'auront pas
               » Le libre Rhin allemand,
               » Quoique corbeaux voraces,
            » Ils croassent de désir jusqu'à s'enrouer. »
                (Première strophe du *Rhin allemand* de Becker.)

siens raillant les Autrichiens de leurs défaites ? Le contre-
coup de notre Révolution de 1848 avait forcé l'absolutisme
prussien à consentir une constitution : vous savez ce que
celle-ci est devenue. Vous connaissez la lutte qui s'est en-
gagée entre les représentants de la nation et le ministère ;
l'habileté avec laquelle M. de Bismarck a su faire dévier
l'opinion libérale dans son pays, et l'entraîner dans une voie
de conquêtes, — folie qu'elle paiera probablement de ses dernières libertés ; — l'héroïsme des armées de la Prusse, de
l'Autriche et de la Confédération, trois nations représentant
soixante-neuf millions d'habitants, contre le Danemark qui
n'en comptait que deux millions ; le cynisme avec lequel le
petit Richelieu du roi de Prusse a formulé sa fameuse maxime :
« La force prime le droit, » et déclaré que la position géogra-
phique de la Prusse faisait du système d'agrandissement une
loi de son existence ; la manière dont il a joué les Allemands
et fait avec l'Autriche un trafic de populations ; l'audacieuse
duplicité qu'il a déployée en toutes circonstances : et c'est en
présence de tous ces faits que vous oseriez placer votre con-
fiance dans la politique prussienne ! et c'est pour ménager une
a'liée comme la Prusse, que la France hésiterait à exercer un
de ses droits les plus précieux, celui de protection envers ses
nationaux ! Tenez, selon moi, l'aigle noire de Prusse n'est
qu'un corbeau vorace, insatiable...; et lui jeter un droit en
pâture, c'est encourager sa gloutonnerie.

Z. — Je vous ai laissé achever sans vous interrompre. A
mon tour, maintenant ! D'abord, les voyages annuels de M. de
Bismarck à Biarritz et à Saint-Cloud prouvent la sincérité
de ses sympathies pour la France...

X. — Oui, le corbeau se fait renard ! Si j'avais à peindre
M. de Bismarck, je le représenterais faisant un geste d'encou-
ragement au génie guerrier de la France, et adressant en
même temps un mystérieux sourire à la Sainte-Alliance in-

quiète ; ou bien encore, je le montrerais tenant à la main un miroir avec lequel il cherche à attirer l'alouette gauloise au piége. « Il ne s'agit que de savoir faire vibrer la corde sensible, » disait-il un jour à Bade, en parlant d'un auguste personnage. Ce mot peint l'homme tout entier.

Z. — Mais la musiqne du 34ᵉ régiment des fusiliers de Poméranie n'est-elle pas venue dernièrement à Paris? N'a-t-elle pas fraternisé avec notre armée?

X. — Oui, pour rétablir la bonne harmoni⸱. Et tous les badauds de Paris d'applaudir, comme si la cocarde de ces musiciens, habillés en soldats — c'étaient des gagistes — n'avait pas été la même que celle du meurtrier d'un de leurs compatriotes. Si, dans des circonstances analogues, la musique d'un régiment de notre garde impériale s'était rendue à Berlin avant que justice n'eût été faite, la population de cette ville se serait certainement montrée plus conséquente et plus digne. Mais que voulez-vous? C'est un nouvel exemple de la versatilité française. Le Parisien est absorbé par la *Thérésa*, par *les frères Davenport*, par *la famille Benoiton*, par *Henriette Maréchal*, par *Batty*, le dompteur, par *Bu... qui s'avance!* il a bien le temps de se préoccuper d'une question qui touche au droit international! Histoire des Verts et des Bleus!... Comme le disait dernièrement notre ami de Heidelberg, « l'herbe n'a pas encore poussé sur la tombe de Ott, que déjà Paris l'a oublié. » — « Brûle ce que tu as adoré, adore ce que tu as brûlé, » a dit saint Remi à Clovis : ces paroles symboliques devraient être inscrites sur notre drapeau avec les couleurs diverses de l'arc-en ciel.

Z. — Ne vous y trompez pas! Le Parisien, sous son apparence frivole, a une sagacité, une sûreté de jugement, une fermeté de détermination que vous ne paraissez pas soupçonner. L'esprit gaulois qui pe tille en lui, l'activité qui le dévore, le portent à toucher à tout, à se préoccuper de tout, souvent à se moquer de tout; il passe « du grave au doux, du plaisant au sévère ; » mais tout en débitant ses lazzis, tout en servant naïvement de comparse dans les différentes mises en scène, il réfléchit, il étudie les questions les plus sérieuses, il se forme une opinion ; et quand cette opinion est bien arrêtée, il marche de l'avant, il passe de la théorie à l'action, et fait plus en trois jours que d'autres peuples en trente ans! Et ce qui prouve qu'il a pensé juste, que son intuition l'a bien guidé, qu'il a répondu aux besoins de la situation, c'est que nous, habitants des départements, acceptons généralement la solution qu'il nous a fournie à ses risques et périls. Cela s'explique. La population parisienne n'est-elle pas formée en grande partie d'éléments intelligents et actifs, fournis par la province? Avec notre système de centralisation extrême, Paris est devenu à la fois le cœur et le cerveau de la France ; le pouls y bat plus vivement, plus fortement qu'ailleurs ; c'est un centre nerveux dont les fibres serpentent dans tout le corps de la nation. C'est encore, si vous préférez cette image, le vieux chêne gaulois dont les racines puisent leur séve dans les provinces les plus diverses et les plus éloignées. Immuable comme le temps, il résiste aux orages et verdit malgré le gui parasite qui pendant tant de siècles s'est gorgé de son suc. Tout autour règne une sorte d'atmosphère officielle où parlent de mystérieux échos, où résonnent de temps à autre des voix prophétiques... Puis éclate un coup de foudre, et tout est dit.

X. — C'est égal, il est évident pour moi qu'on ne s'est pas bien rendu compte à Paris de l'impression profonde qu'a produite le meurtre de Ott sur les habitants des deux rives du Rhin, depuis Bâle jusqu'à Cologne, dans la bourgeoisie allemande comme parmi les populations de l'Alsace.

Z. — J'allais précisément vous reprocher de ne pas assez reconnaître la sympathie témoignée par la bourgeoisie allemande à notre compatriote. Comment ! toufe la population de Bonn, ne pouvant protester autrement, fait à Ott des funérailles princières (1) ; on achète un terrain pour sa tombe avec de l'argent recueilli non-seulement dans le Palatinat, dans le grand-duché de Bade, mais encore et surtout dans la Prusse rhénane ; les journaux d'outre Rhin — je parle de ceux qui ne sont pas inféodés — expriment de la manière la plus vive l'indignation que leur inspire l'acte sauvage du comte d'Eulenbourg : et vous rappelez des souvenirs qui sont blessants pour toute la Prusse, vous exhumez les rivalités d'un autre âge, vous ranimez l'antagonisme des temps passés.

X. — Oh ! je suis loin de confondre le peuple prussien avec son gouvernement. Je sais parfaitement qu'au-dessus des nationalités de convention il y a la nationalité universelle, la nationalité des peuples, qui tous sont solidaires. Un jour viendra où l'esprit de conquêtes, qui engendre la tyrannie, fera place à l'esprit de fraternité, qui engendre la liberté. La Sainte-Alliance a été en réalité la ligue des rois contre les peuples ; il y aura, soyez-en sûr, une sainte-alliance des peuples contre les royautés de droit divin. Napoléon lui-même l'a prédit à Sainte-Hélène. Au régime de guerre succèdera le

(1) Lettre adressée par le maire de la ville de Strasbourg au bourguemestre de Bonn.

« 25 août 1865.

« Monsieur et très-honoré collègue,

« A la suite de l'attentat auquel un jeune Strasbourgeois vient de succomber, les habitants de Bonn ont bien voulu, par un mouvement spontané, organiser le convoi funèbre du malheureux Ott, et un cortége imposant lui a rendu les derniers honneurs. La population strasbourgeoise a été vivement touchée de ce témoignage de sympathie. Je me rends l'interprète des sentiments de mes administrés en vous offrant l'expression de leur vive reconnaissance.

« Veuillez agréer, Monsieur et très-honoré collègue, l'hommage de ma haute considération.

« Le maire : HUMANN. »

M. le bourguemestre s'est empressé... de ne pas publier ce document.

régime de paix. Nous n'élevons pas nos enfants pour en faire
de la chair à canon : leur sang ne doit pas couler pour arroser
la souche d'une dynastie quelconque. Mais, en attendant,
nous ne devons pas laisser massacrer impunément nos compatriotes à l'étranger ; et c'est précisément parce que le
meurtre de Ott a été une conséquence de l'esprit d'antagonisme, un acte engendré par le régime du sabre, qu'il faut en
poursuivre la réparation.

Z. — Permettez-moi de vous faire observer que vous ma-
niez le mot *sabre* avec beaucoup d'imprudence. Vous pourriez
blesser l'armée française elle-même, en attaquant l'armée
prussienne.

X. — Je ne confonds pas plus l'armée française avec l'armée prussienne, que je ne confonds le peuple prussien avec la
politique de son gouvernement. Aujourd'hui, le soldat français partage son pain de munition avec l'ennemi vaincu ; il
protége les populations inoffensives : vous l'avez vu en Cri-
mée, en Italie. Le soldat prussien, au contraire, a l'air de
considérer son propre pays comme un pays conquis ; il est
arrogant, vantard, provocateur ; il semble toujours poser
pour inspirer de la crainte ; il se fait haïr à la fois de ses concitoyens et des autres soldats de la Confédération ; à Rastadt,
à Mayence, dans toutes les forteresses fédérales, son outrecuidance excite des troubles continuels. Défauts analogues,
bien que tempérés par l'éducation, dans une sphère plus
élevée. Sauf quelques exceptions, l'officier du roi de Prusse
est tranchant, dominateur ; l'élément civil ne lui inspire que
dédain ; c'est le seigneur suzerain du pays. L'officier français,
lui, est poli, affable, et se montre avant tout pénétré de l'esprit de légalité ; le bourgeois, le prolétaire, sont pour lui des
membres de la grande famille d'où il sort et où il rentrera ;
s'il tire le sabre en temps de paix, ce n'est pas pour assassiner
un compatriote, c'est pour défendre la loi, pour protéger l'in-

nocence. Et à la moindre faute, quelle sévérité de la part de nos conseils de guerre ! ce ne sont certes pas des *commissions mixtes*, dans le genre de celle de Bonn ! En Prusse, un commandant supérieur est une sorte de potentat féodal. En France, le général qui s'aviserait de jouer le rôle de pacha, serait immédiatement mis au ban de l'opinion publique, par les autorités administratives, par la population civile, par les officiers et les soldats eux-mêmes.

Z. — Mais enfin, l'armée prussienne se recrute, comme la nôtre, dans le peuple, dans la bourgeoisie. Tout Prussien naît soldat. Comment expliquer l'antagonisme qui règne entre le peuple et l'armée ?

X. — L'explication est facile. En Prusse, à de rares exceptions près, les nobles seuls deviennent officiers, et chaque officier donne le ton à ses soldats. Lorsqu'un Prussien arrive sous les drapeaux, on le soumet au système de l'*entraînement;* il est encore jeune, impressionnable, n'a pas observé, raisonné suffisamment ; il suit l'impulsion qu'on lui donne et se laisse éblouir par l'uniforme, dominer par l'esprit de corps, séduire par le prestige qui entoure M. le comte ou M. le baron sous les ordres duquel il a l'honneur de servir ; il en prend les défauts plutôt que les qualités, et finit par devenir un despote subalterne. Pour lui, comme pour l'officier, il est de bon ton de berner un bourgeois, sauf à l'assommer s'il résiste. Consultez les journaux prussiens qui ne sont pas à la solde du ministère : vous les trouverez remplis d'histoires lamentables, dans le genre de celle de Ott ; seulement, dans le cas présent, il s'agissait d'un Français, et le fait a pris les proportions d'un événement. Et vous voudriez le réduire à une affaire privée ! Mais les Prussiens eux-mêmes — je parle de l'élément civil — nous seront reconnaissants de prendre en main la défense du droit commun. Dans cette circonstance, nous sommes en quelque sorte leurs mandataires.

Z. -— Je m'en rapporte à la décision de nos hommes d'État qui, placés plus haut, voient plus loin que nous.

X. — Oui, mais nous voyons de plus près. Nous sommes à la frontière, nos affaires nous mettent continuellement en rapport avec l'Allemagne, et nous pouvons saisir des nuances qui, à une certaine distance, se confondent avec les teintes générales du tableau.

Z. — Quoi qu'il en soit, je ne comprends pas que l'esprit de caste ait conservé tant de puissance en Prusse. L'antagonisme de la noblesse et du peuple me paraît un anachronisme. Chez nous, aujourd'hui, le peuple, c'est tout le monde; c'est le noble aussi bien que le bourgeois ou le prolétaire, le riche comme le pauvre, le soldat comme l'habitant qui ne porte pas l'uniforme; tout se résume en un mot : le Français, le citoyen. C'est cette fusion, cette homogénéité qui fait la force de la France contemporaine. Que tel fils des Croisés tienne au titre qui lui rappelle un passé glorieux, rien de plus naturel, rien de plus inoffensif : c'est un héritage comme un autre, lourd à porter souvent. Noblesse oblige. Mais qu'au dix-neuvième siècle on se prévale d'un privilége de naissance pour se poser en tyranneau du Moyen-Age, voilà ce que je ne comprends pas.

X. — Ajoutez à cela qu'en raisonnant exclusivement au point de vue de la noblesse, le hobereau prussien est d'une origine tellement moderne, qu'il n'a même pas pour lui le prestige que donne une longue tradition. « Est-il gentilhomme? » demandait un jour Louis XIV, en parlant de je ne sais plus quel prince souverain d'Allemagne. Mais ce sont là des questions qui nous intéressent peu, et je n'en parlerais pas, si le parti féodal prussien n'avait essayé de tromper nos concitoyens titrés sur la signification de la pétition Ott, en prétendant qu'elle était une manifestation contre la noblesse.

Z. —— Autant vaudrait organiser une croisade contre nos

fonctionnaires, contre nos négociants, contre n'importe quelle classe de la population. C'est ridicule, c'est absurde ! Nous revendiquons toutes les forces de la nation, quelles qu'elles soient. Nous avons fait une manifestation en faveur du droit des gens et du principe de l'égalité devant la loi, voilà tout. Que certaines susceptibilités féodales s'en soient formalisées en Prusse, cela ne nous regarde pas, et nous inquiète peu.

X. — Chacun sent où le bât le blesse.

Z. — Du reste, que d'objections n'a-t-on pas balbutiées ? Hier encore, un fonctionnaire de mes amis me faisait observer que nous aurions mieux fait de nous adresser directement au ministre.

X. — C'est au Sénat que la Constitution confère la mission de recevoir les pétitions. S'adresser au ministre eût été presque illégal, et celui-ci aurait eu parfaitement le droit d'enterrer nos deux volumes de signatures.

Z. — D'autres — en petit nombre il est vrai — ont prétendu que notre gouvernement pourrait bien se trouver froissé de ce qu'on ait attiré aussi vivement son attention sur un point embarrassant.

X. — Ce sont ceux qui, du temps de Guizot, constituaient le parti des *bornes*. J'ai entendu un paysan des environs de Barr répondre à cette objection d'une manière très-judicieuse. « La Constitution de l'Empire, disait-il, nous reconnaît le droit de pétition ; c'est l'Empereur qui a fait cette Constitution ; il est impossible qu'il nous ait garanti un droit pour que nous n'en usions pas. »

Z. — Enfin, selon quelques personnages, nous aurions dû nous taire et supprimer la pétition, dès que le ministre des affaires étrangères a eu parlé.

X. — Allons donc ! Est-ce que notre manifestation n'était pas un excellent argument pour notre diplomatie? Est-ce que le ministre ne restait pas libre d'en faire ou de n'en pas faire

usage ? Et aurions-nous eu le droit de supprimer la pétition ?
N'était-elle pas en réalité la propriété de tous les électeurs
qui déjà y avaient apposé leur signature ; dix mille à Strasbourg, en onze jours ! Nous n'en étions que les dépositaires ; et
le rédacteur de ce document n'a fait que donner une forme à la
pensée de tous. Mais nous sommes bien bons de nous préoccuper de toutes ces arguties : timides essais du barrage qu'a
emporté le courant de l'opinion publique. Il y a, sous tous
les régimes, des gens qui sont plus royalistes que le roi, plus
républicains que la république, plus impérialistes que l'empereur. C'est la plaie de toutes les époques. Tenons-les
pour ce qu'ils sont.

Z. — Dans tous les cas, la pétition Ott aura permis de
constater que la France a encore des sympathies en Allemagne. Savez-vous que les provinces rhénanes elles-mêmes nous
ont envoyé des adhésions ?

X. — Oh ! quant à cela, ne vous faites pas illusion. Si vous
connaissez Paris mieux que moi, je crois connaître l'Allemagne mieux que vous. L'Allemand des bords du Rhin est peut-
être aussi germanique que nous autres Alsaciens sommes
Français ; et c'est beaucoup dire. La tradition lamentable des
ravages de Turenne dans le Palatinat est encore vivante. Les
exactions de nos généraux du premier Empire, les dépréda-
tions commises par les traînards de nos armées, ont laissé
dans le pays des souvenirs qui nous sont peu favorables.
Pourtant il existe encore un trait d'union entre la Prusse
rhénane et la France : c'est notre code, pour lequel on nous
a conservé une certaine gratitude. Lorsque, dans le grand
partage des peuples opéré en 1815, on eut enlevé à la France
les limites de l'ancienne Gaule, celles du Rhin, qu'avait
conquises la République en se défendant ; lorsqu'on eut donné
Deux-Ponts et Landau à la Bavière, Worms et Mayence à
Hesse-Darmstadt, Luxembourg à la Hollande, Coblentz,

Bonn, Cologne, Aix-la-Chapelle à la Prusse, celle-ci, pour ménager, pour gagner les populations qui lui étaient adjugées, consentit à leur laisser le Code français qui garántissait l'égalité devant la loi. Depuis, le gouvernement prussien a fait mainte tentative pour effacer ce dernier vestige de notre révolution. C'est dans ce but qu'il a constamment contrarié l'enseignement de la langue française, et que depuis nombre d'années il exalte le soldat contre tout ce qui n'est pas militaire. La population civile résiste avec calme, mais avec obstination, pour sauvegarder le plus précieux, le plus important de ses droits. L'intimidation exercée par les agents du gouvernement s'arrête à la surface. Le bourgeois de la Prusse rhénane sait parfaitement que c'est lui qui paie l'espion qui le tourmente, le soldat qui l'opprime et le provoque; aussi nomme-t-il des députés qui ont l'outrecuidance de vouloir contrôler les finances de l'État. Réduit à l'impuissance ou à peu près, en ce qui concerne les nombreux attentats commis par les bravaches de l'armée sur des Allemands, il a saisi avec empressement l'occasion que lui offrait le meurtre de Ott, d'un Français, pour faire une manifestation en faveur du droit, une protestation contre le régime du sabre. Les funérailles de notre compatriote ont été non-seulement un témoignage de sympathie pour la victime d'un système détesté, mais encore une sorte d'appel indirect à la France, qui doit soutenir son principe. Si l'on obtient pas une indemnité sérieuse, une sorte d'indemnité Pritchard, on affaiblira singulièrement le prestige de la France en Allemagne; et la reconnaissance mêlée d'espoir qu'on nous a conservée dans la Prusse rhénane pour le droit que nous y avons importé, fera place à une triste désillusion,

Z. — Vraiment! comme si l'influence de notre pays pouvait dépendre d'un incident quelconque ! La France règne en Europe par ses arts, par sa littérature, par ses découvertes scientifiques, par son fécond esprit d'initiative, par le désintéressement de sa politique, par les principes de 89 qui font sa force et qui sont en train de faire le tour du monde. Ses conquêtes morales l'ont rendue cent fois plus puissante qu'elle ne l'était lorsqu'elle dominait sur vingt peuples différents. Si, dans la circonstance actuelle, elle ne croit pas devoir user de son droit avec la raideur britannique, c'est qu'elle se sent assez forte pour pouvoir se montrer généreuse. Elle aura, une fois de plus, fait preuve de modération.

X. — Soit ! mais n'est-il pas à craindre que cette modération, poussée un peu loin, ce me semble, ne produise un effet fâcheux en Alsace ? Pourquoi, nous autres Strasbourgeois, avons-nous renoncé volontairement à notre ancienne indépendance ? Pourquoi avons-nous voulu être Français (1) ? Pourquoi, plus tard, avons-nous cimenté cette alliance de notre sang ? Uniquement pour échapper aux aventures qui menaçaient sans cesse les petits États du Rhin, pour faire partie d'une grande nation, capable de nous protéger...

Y. — Pardon ! ce n'est pas l'intérêt qui nous a fait changer de nationalité. Des considérations de ce genre ont pu amener la réunion officielle de Strasbourg à la France, mais elles ne nous ont pas rendus Français. Sous Louis XIV, sous la Régence, sous le règne désastreux de Louis XV, nous avons conservé notre physionomie propre ; et le vieux ferment républicain qui couvait en nous, inspirait à Versailles des inquiétudes continuelles. C'est de 1789 que date en réalité notre entrée dans la grande famille, comme vous disiez tout à l'heure ; c'est lorsque la France a eu proclamé des principes qui depuis longtemps étaient nôtres, que nous sommes devenus Français.

(1) La *Germania nova*, de Th. Murner, brochure *incunable* découverte par M. Schweighaeuser, dans les Archives de Strasbourg, prouve jusqu'à l'évidence que bien avant la réunion de cette ville à la France, il s'y trouvait un parti français très-vivace et très-clairvoyant.

Est-ce l'intérêt qui aurait pu inspirer à l'Alsace ce patriotisme ardent, ce dévouement sans bornes dont elle a donné tant de preuves à sa nouvelle patrie? Et maintenant qu'elle a reçu sous le drapeau de la France le triple baptême de la révolution, de la gloire et de l'adversité, vous croyez que ses sentiments pourraient être altérés par une cause quelconque?

X. — Non : telle n'était pas ma pensée. Je sais fort bien que même ceux de nos paysans qui ne parlent pas du tout le français — et ils deviennent chaque jour plus rares — sont animés d'un patriotisme plus chaud que la plupart des Français de l'intérieur.

Z. — A la bonne heure! la discussion vous entraîne toujours trop loin. Croyez-moi : rapportons-nous-en à notre gouvernement, qui est aujourd'hui parfaitement renseigné sur la question, et qui, je le répète, est le juge naturel des droits et de l'honneur de la France. Mais brisons là, je vous prie..... Vous savez que je n'aime pas à m'occuper de politique.

FIN.

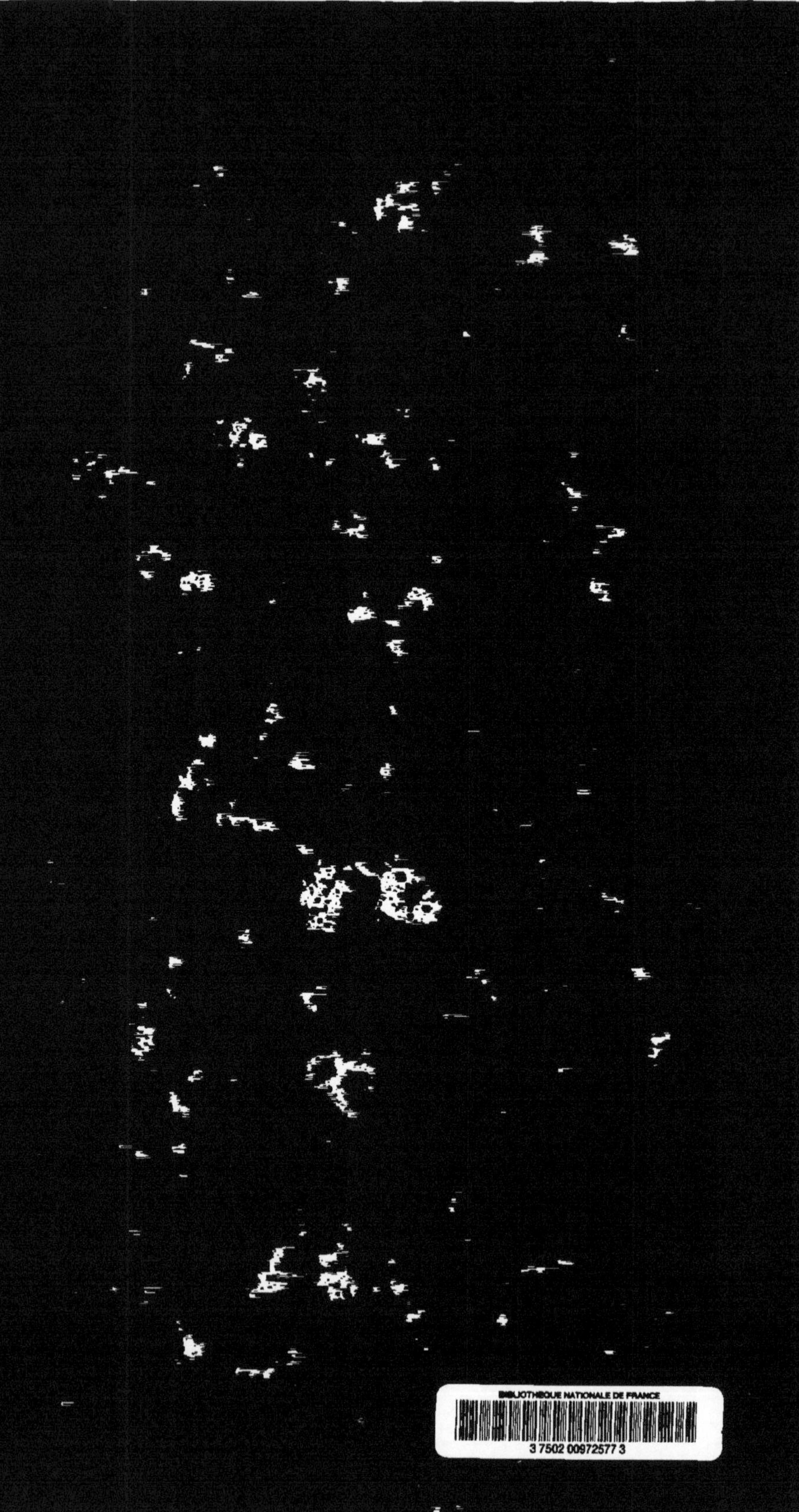

BIBLIOTHÈQUE NATIONALE DE FRANCE

3 7502 00972577 3

www.ingramcontent.com/pod-product-compliance
Ingram Content Group UK Ltd.
Pitfield, Milton Keynes, MK11 3LW, UK
UKHW021619130726
13696UKWH00005B/1963